I0707766

Les Gros handicaps de l'opposition pour Octobre 2018

Enoh Meyomesse

Les Gros handicaps de l'opposition pour Octobre 2018

EdkBOOKS

Introduction

Singulier pays que le Cameroun où l'opposition, malgré un grand dynamisme, n'est pas parvenue au bout de 28 années d'existence à conquérir le pouvoir. Il se retrouve ainsi avec le Togo, le Gabon, le Zimbabwe ou l'Angola, parmi les pays où un même régime est en place depuis plus de vingt ans. L'argument qui tombe dans le sens commun est celui classique de la division de l'opposition et comme conséquence de cela son incapacité à mettre en place un front commun face au pouvoir. Argument facile que celui-là, qui malheureusement est battu en brèche par les résultats du scrutin présidentiel d'octobre 1992 au cour duquel, malgré le fait qu'il y avait eu une multitude de candidats, le pouvoir avait été sérieusement menacé au point où nul jusqu'à ce jour, nul ne peut véritablement savoir, qui de l'opposition ou de la majorité, avait été vainqueur[1]. Autre argument facile battu en brèche par la réalité, celui de la fraude électorale qui serait abondamment pratiquée par le régime et qui justifierait les défaites successives de l'opposition sur le plan national. Mais comment expliquer alors le fait que l'opposition parvienne malgré tout à faire élire en même temps des candidats sur l'ensemble du territoire ?

Nous nous sommes intéressé aux victoires de l'opposition dans d'autres pays africains ayant vécu au même moment que le Cameroun le retour à la démocratie en 1991. Nous en avons dégagé des constances, et les avons rapportées à la situation du Cameroun.

---

[1] - Par populisme, de nombreux leaders de l'opposition, tout particulièrement les nouveaux venus, déclarent que le candidat sortant avait été battu, mais sans en apporter de véritable preuve.

Chapitre I :

Anciens ministres camerounais : faible capital politique.

Sous d'autres cieux en Afrique, le fait d'avoir été membre du gouvernement, procure aux personnages qui passent à l'opposition, un capital politique considérable. Celles-ci viennent véritablement la booster. Ce sont des personnes que la population connaît déjà, et dont le plus souvent, elle a gardé un souvenir positif. Elles n'ont plus, en tout cas, à se battre pour sortir de l'anonymat, et la population estime qu'elles sont déjà au fait de la gestion du pouvoir, voire d'un Etat. Enfin, au moins sur le plan régional, elles sont considérées comme des portes étendards.

A – Ailleurs les ex-ministres font fortune en politique.

Au Niger, au Mali, en Guinée, en RCA, etc., les leaders des partis qui réalisent allègrement des scores de 15, 20 voire 30% aux scrutins présidentiels, et finissent même par conquérir le pouvoir suprême, sont tous d'anciens ministres. Il n'existe pas parmi eux, de personnalités sorties tout droit du peuple.

Cellou Dalein Diallo, en Guinée Conakry, a été Premier ministre, tout comme Sidya Touré. Tous les deux ont réalisé d'excellents scores à l'élection présidentielle et se retrouvent ainsi à la tête de partis politiques disposant de très nombreux militants et élus au Parlement.

Au Sénégal, Abdoulaye Wade a été à plusieurs reprises ministre avant d'être élu Président du Sénégal. Et son parti, le *Parti Démocratique Sénégalais*, PDS, est un grand parti disposant de nombreux élus à tous les niveaux.

Il en est de même au Mali pour Ibrahim Boubacar Keita. Au Niger, Hama Amadou a réalisé un score de 17% au premier tour de l'élection présidentielle de 2016, etc.

Dans le même temps, en revanche, la quasi-totalité des leaders politiques de ces pays qui n'ont jamais été nommés au gouvernement, parviennent difficilement à atteindre des scores de 10% aux élections présidentielles.

Il apparaît donc évident que le passage au gouvernement aura procuré aux ex-ministres une aura dont ils se servent par la suite dans leur carrière politique.

B – Au Cameroun ils recueillent des scores ridicules.

Au Cameroun, la situation est totalement contraire. Aucun ancien membre du gouvernement n'a pu, jusqu'à ce jour, réaliser un score de 5% au cours des différents scrutins présidentiels qu'a connus le pays après celui tout à fait particulier de 1992, où seul Bello Bouba Maïgari avait atteint un score de 19,2%, quand Ndam Njoya, autre ancien ministre, n'obtenait que 3,6% des voix. Au scrutin de 1997, Eboua Samuel, tout puissant ministre sous Ahidjo et pratiquement unique candidat important de l'opposition, n'avait obtenu que 2,44% des voix.

En 2004, Adamou Ndam Njoya a progressé un tout petit peu en atteignant 4,48% des voix, tandis que Garga Haman, quant à lui ne réalisait qu'un score de 3,74%. En 2011, le même Garga a devancé Ndam Njoya avec 3,21%, contre 1,73% des voix. Il s'est aussitôt pompeusement proclamé « *3ème force politique du pays* » !

Tout ceci démontre à suffisance que les ex-ministres passés à l'opposition au Cameroun ne font guère fortune. Pis encore, alors que Ndam Njoya parvient aisément à se faire élire député dans son Noun natal, Garga Haman, ex-membre du gouvernement au même titre que lui, n'est toujours guère parvenu à remporter le moindre mandat électif où que ce soit, y compris à Maroua, sa ville d'origine.

Pour tout dire, nos ex-ministres ne parviennent pas à relever l'opposition camerounaise ainsi que cela se passe ailleurs en Afrique. Ils ne lui apportent rien du tout. Leurs voix ne portent guère auprès de la population.

Qu'en est-il des autres leaders et de leurs partis politiques ?

Chapitre II :

Les leaders politiques issus du peuple ne font guère mieux.

Les leaders politiques issus directement du peuple, nous entendons par-là, qui ne se prévalent pas d'une aura d'ancien membre du gouvernement, ne sont guère plus audibles, au Cameroun. En tout cas, ils ne réalisent nullement de meilleurs scores. Leur situation est même parfois pire. Une exception toutefois, le cas de John Fruh Ndi, mais qui se présente davantage comme un leader régional que national. Il capitalise en lui, dans une large proportion, à ce jour, la défiance de la communauté anglophone envers le pouvoir de Yaoundé. Son

émergence politique a correspon-
du à la désaffection de l'UNDP de
très nombreuses personnes en
1992, à la suite de l'éviction d'E-
boua Samuel à la tête de ce parti
politique supposé en ces années-
là, ramener, dans l'esprit des Camerounais, la prospérité qu'a
connue le pays à l'époque d'Ahidjo. Elles s'étaient rabattues sur
le SDF, en désespoir de cause,
d'autant que ce parti avait judi-
cieusement mis en avant son cé-
lèbre et redoutable slogan « *Suffer don finish* ».

A – Les leaders issus du parti gouvernemental.

La quasi-totalité des personnes issues du parti gouvernemental et qui ont rejoint l'opposition
n'y ont guère prospéré[2]. Le cas le
plus significatif est celui de Jean-
Jacques Ekindi. Du temps où il a
été Président de la Section « *Pilo-*

---

[2] - Nous excluons de cette catégorie John Fru Ndi, dont nous avons déjà évoqué le cas plus haut.

te » du RDPC, à savoir celle du Wouri, chacun de ses meetings à la permanence de ce parti au quartier Bonanjo, mettait la ville de Douala en émois. Mais, aussitôt qu'il en a démissionné, il a perdu son incontestable aura. Sa dégringolade politique a été telle qu'à l'élection présidentielle de 1992, il n'a obtenu que 0,8% des voix, avec 23.525 votants sur 3.015.448. Ceci signifie clairement que même sa propre communauté ethnique, les Duala, n'a pas voté pour lui. Ceux-ci représentaient sensiblement en effet à l'époque, plus de 500.000 âmes.

Nous devons également revenir sur le cas d'Adamou Ndam Njoya qui provenait lui aussi de ce même parti. Il n'a obtenu que 3,6 % des voix, même pas 5%, avec 107.411 votants, en 1992.

Lors de la présidentielle de 2011, Paul Abine Aya, ex-député du parti gouvernemental, n'a obtenu qu'un score de 1,26 %. De même, Albert Nzongang, ex-député également de ce parti, ne s'est retrouvé crédité que de 0,55 % des voix, même pas 1%. Auparavant, en 1997, il n'avait obtenu que 1,19% des voix.

En 2011, Jean-Jacques Ekindi, de nouveau, n'a pas pu atteindre simplement 1/2 %, il n'a obtenu que 0,45% des voix.

B – Les leaders issus de l'ancienne opposition et de la société civile.

Ceux-ci ont également connu le même sort. Emah Ottou, ancien Secrétaire Général de l'UPC « *légale* » ainsi que cela se disait à l'époque, n'a obtenu que 12.345 voix sur 3.015.448, soit 0,4%, à l'élection présidentielle de 1992.

Lors de la présidentielle de 1997, Henri Hogbé Nlend, candidat de l'UPC, n'a guère pu faire mieux qu'Emah Ottou. Il n'a obtenu que 2,5% des voix.

En 2011, les scores ont été les suivants : Edith Kahbang Walla, 0,72 %, Jean de Dieu Momo, 0,49 %, Bernard Muna, 0,38 %, Esther Dang, 0,33 %, Olivier Anicet Bilé, 0,31 %, etc.

Comment donc expliquer ces scores ô combien ridicules ?

Chapitre III :

Les ressemblances avec « *l'homme lion* » : facteur de désaffection.

Parmi les causes de l'inaudibilité de l'opposition camerounaise, figure en première position, cela va de soi, la forte similitude de la quasi-totalité de ses leaders, avec Paul Biya sur le plan comportemental, d'une part, et d'autre part sur le culte de la personnalité.

A – La « *ntarikonisation* » du pouvoir comme « *Mvomeka'aisation* ».

Les dirigeants des partis politiques de l'opposition camerounaise ne parviennent pas à comprendre l'importance aux yeux des électeurs de commencer par montrer eux-mêmes qu'ils sont en rupture avec l'homme qu'ils désirent remplacer et qui détient actuellement le pouvoir.

John Fru Ndi a créé son Mvomeka'a à Ntarikon. Toutes les réunions capitales du SDF se tiennent ainsi en ce lieu. Sur ce plan, il surpasse même Paul Biya qui, à la connaissance du grand public, ne tient jamais de réunion avec des officiels camerounais, pas même des membres de son parti dans son village natal. Cette « *ntarikonisation* » du pouvoir est du plus mauvais effet sur la population. Pis encore, elle a tendance à se généraliser. Nombreux sont en effet les leaders politiques de l'opposition qui ramènent également tout à leurs villages. L'UDC paraît véritablement être l'exemple le plus parfait de cette grave dérive politique. Sa principale revendication actuellement, tout au moins celle qui est la plus audible pour les Camerounais est la transformation du Noun, son département d'origine, en province, sans se préoccuper d'envelopper celle-ci dans une perspective plus large, plus globale, plus nationale. Une telle revendication, il va sans dire, ne peut que tiédir l'ardeur des non-Bamoun à rejoindre les rangs de ce parti politique. C'est probablement l'une des grandes raisons pour lesquelles celui-ci s'est, au fil des ans, étiolé. Lorsqu'il voit le jour autour de mars-avril 1991, il devient très rapidement le premier parti du Cameroun par le courant de sympathie qu'il génère à partir de son leader, identifié comme « *l'homme de la nouvelle éthique* ». Mais, au fil des ans, ce parti s'est, consciemment ou inconsciemment, recroquevillé sur le Noun, au niveau de ses adhésions. Bref, il s'est « *ntarikonisé* » également. Partout, à travers le territoire, où il est vivace, il est animé par la poche de ressortis-

sants du Noun résidents du coin.
Il est ainsi fortement implanté à
Libreville au Gabon, pour la mê-
me raison.

L'absence de rupture compor-
tementale avec Paul Biya apparaît très clairement également au
niveau de la place qu'occupent les
futures « *premières dames* » aux
côtés de nombre de leaders de
l'opposition aujourd'hui. Ils disposent ainsi allègrement de leurs
Chantal Biya qui ne les quittent
pas non plus d'un pas. Tout cela,
les électeurs le voient, et ne peut
nullement passer inaperçu, et
laisse naturellement présager de
l'avenir.

D'autre part, nombre de leaders politiques de l'opposition
sont particulièrement mal placés
d'accuser Paul Biya de tribalis-
me. Tous, à quelques rares excep-
tions, pratiquement allégrement
cette maxime de l'homme politique d'extrême-droite et raciste
français Jean Marie Lepen : « *je
préfère ma sœur à ma cousine, et*

ma cousine à ma voisine »[3]. Les écouter s'exprimer hors micros donne véritablement la nausée, tellement les propos qu'ils tiennent sur les ressortissants des groupes ethniques auxquels ils n'appartiennent pas sont orduriers.

Enfin, autant les leaders de l'opposition exigent quasi-unanimement le départ du pouvoir de Paul Biya au nom du nécessaire renouvellement de la classe politique, autant, en même temps, ils sont des présidents à vie de leurs partis politiques. Pour cela, ils se réfugient derrière le « *suffrage universel* » qui leur permet continuellement de remporter haut la main toutes les élections à la tête de leurs partis, lorsqu'il y en existe. Dans le SDF, la technique de l'exclusion des concurrents du

---

[3] - Le « chairman » à vie du SDF avait laissé un souvenir amer dans la ville de Darmstadt en Allemagne, située au sud de Francfort. Alors que la communauté camerounaise attendait fiévreusement sa visite et se mettait en quatre pour la réussite de celle-ci, il est effectivement venu, mais en catimini, et n'a rencontré en secret que les Anglophones de la région !!!!!

« *chairman* » est connue. Toute personne identifiée comme pouvant lui porter ombrage est rapidement exclue du parti. Ce comportement ne rend pas attrayant ce parti politique. Il renvoie au grand public l'image d'une organisation au service et à la gloire d'un seul individu, le très fameux « *chairman* ».

B – Le culte de la personnalité comme Paul Biya.

Les leaders de l'opposition ne se rendent guère compte du fait que le culte de la personnalité qui s'opère autour d'eux les rapproche aux yeux du public de Paul Biya. Il y en a qui estiment que celui-ci est nécessaire pour installer leurs visages dans le mental de la population. Argument bien contestable que celui-là, dès lors que celui que mène Paul Biya aboutit à sa détestation. Donc, désirent-ils être à leur tour détestés par la grande masse des Camerounais comme la personne qu'ils combattent ? Ils s'y livrent en tout cas, et ne dissuadent guère leurs proches de le faire.

Voici un morceau choisi du culte voué à Jean-Jacques Ekindi :

> « *C'est un homme charismatique, convaincu et volontaire qui s'est présenté à nous au cours de cette conférence de presse (...) Jean-Jacques Ekindi est l'un des meilleurs fils du Cameroun, solide cultivé et modeste(...) un technocrate et humaniste (...) Jean-Jacques Ekindi est un talent* [4]».

Mbah Ndam Joseph, président du groupe parlementaire du SDF lors d'un passage à l'émission de *Canal2 l'Arène*, n'avait pas hésité à présenter le « *Chairman* » comme :

> « *un être exceptionnel, que malheureusement ne connaissent pas les Camerounais. Il est au-des-*

---

[4] - http://www.africa1.com/spip.php?article7987

sus du besoin, c'est un homme ri-
iiiiiiiiche !!! Il n'a pas besoin de
voler l'argent de l'Etat, il n'a non
plus besoin de l'argent de l'Etat
pour manger tous les jours ».

A la question de savoir s'il ne songeait pas à se porter candidat contre lui à la présidence de leur parti commun, il avait donné l'impression d'être profondément scandalisé que l'on puisse simplement évoquer pareille idée. Naturellement, un tel comportement laisse les gens cois, abasourdis, et ceux-ci ne manquent pas de s'interroger sur la capacité d'un tel parti à changer quoi que ce soit sur le plan des mœurs au Cameroun. Par quelle alchimie en effet se demandent-ils non sans raison, un modeste libraire tout juste hier, a-t-il pu devenir cet « *homme riiiiiiiiiche !!!* » dont parle avec crainte et déférence Mbah Ndam ?

Lorsque Patricia Ndam Njoya, député de l'UDC, évoque le nom du Président de ce parti devant les caméras d'une télévision, on ne sait plus très bien si elle parle de son mari et lui réitère publiquement son amour ou autre chose, tellement les mots qu'elle utilise sont mielleux, voire carrément dithyrambiques. A l'écouter parler, ce dernier serait un être exceptionnel !

Dans de nombreux meetings de l'opposition, des chants à la gloire du « *Président national* » sont entonnés par les militants enfiévrés en guise de fidélité à celui-ci, exactement comme le font les militants du parti gouvernemental à la gloire de Paul Biya. Cela conforte sans doute le cercle très restreint des militants, mais qu'en est-il de celui infiniment plus large des électeurs ?

Chapitre IV :
Cibles électorales floues et programmes repoussoirs.

Les campagnes électorales sont les occasions pour les partis politiques de vendre leurs projets et d'obtenir en conséquence des voix. Ils choisissent ainsi leurs cibles, exactement comme cela se fait lors du lancement d'un nouveau produit de consommation sur le marché.

Au Cameroun, généralement, tout est flou. On sait très peu qui pense quoi et à quelle catégorie sociale spécifique est destiné le discours de tel ou tel parti politique. Finalement, sans qu'ils ne s'en rendent compte, la quasi-totalité des partis politiques, lors des scrutins, ratent de précieuses cibles électorales qui auraient pu

leur apporter la victoire, tout au
moins de bons scores. Ils ne com-
prennent pas qu'un parti s'a-
dresse avant tout à une catégorie
sociale donnée, à des individus
spécifiques, et que destiner un
discours à « *tout le monde* » est le
meilleurs moyen de ne le destiner
à personne.

A – UDC, MP, ADD, UFDC, PAP, AFP, UFP, MRC : flou artistique.

Lors de la présidentielle de
2011, ce phénomène s'est une fois
de plus répété. Les programmes
politiques des différents candidats étaient tous « *généraux* »,
non ciblés, et en conséquence,
difficilement vendables aux électeurs. En voici, quelques mor-
ceaux choisis résumés :

Garga Haman Adji : « *le bilan
de Paul Biya après 29 années de
pouvoir n'est pas satisfaisant* »

Jean-Jacques Ekindi : « *Les
Camerounais ne vont pas voter*

pour Biya. Depuis 29 ans, il n'a rien fait et les gens vivent de plus en plus mal.

Adamou Ndam Njoya : « *la République a été oubliée ; il faut restaurer l'éthique comme fondement de la vie* ».

Hubert Kamga : « *En préalable à tout développement économique, je propose de* « solder le compte du colonialisme » *en sortant le Cameroun de la zone franc pour réorganiser l'économie.*

Hameni Bialeu : « *Je veux revoir tout le système de santé et m'occuper de la jeunesse* »

Fritz Ngo : « *préserver la biodiversité du Cameroun et réorienter la jeunesse vers des marchés d'emplois porteurs tels que l'agriculture et l'élevage pour lutter contre l'informel* ».

Ayah Abine : « *séparation des pouvoirs ainsi qu'un rajeunissement des ministères avec 60% de jeunes de moins de 40 ans* ».

Dzongang Albert : « *apporter aux Camerounais des solutions aux problèmes urgents ; le plus urgent est de réconcilier les fils de ce pays ».*

Daniel Soh Fone : « *réunir tous les candidats autour « d'un arbre à palabres » pour constituer un gouvernement d'union nationale, remettre le Cameroun au travail ; promouvoir l'équité dans la redistribution des richesses, la transparence dans la gestion des finances publiques ».*

Bernard Muna : « *la politique menée par Paul Biya depuis 29 ans n'a pas profité aux Camerounais ».*

Esther Bayibidio Dang : « *supprimer le préfixe « sous » du terme sous-développement en accordant la priorité à la lutte contre le sous-emploi et la sous-alimentation, amener les Camerounais à combattre ensemble le sous-développement ».*

Momo Jean de Dieu : « *redonner sa dignité » au peuple camerounais en s'attaquant à la corruption ; dénoncer « la ter-*

*reur » menée par l'actuel régime ;
l'agriculture fait partie des prio-
rités ; mener une révolution agri-
cole et une révolution dans le
domaine industriel ».*

Olivier Anicet Bilé : « *trans-
former l'esprit et le mental camerounais en mettant en œuvre « l'a-
mour et la crainte de Dieu » et
favoriser la mise en place d'une
structure financière et bancai-
re »*[5].

Qui est concerné par toutes
ces propositions, véritable bara-
tin ? Réponse : tous les Camerounais, en général, dans le meilleur
des cas, et, finalement, personne
en particulier. Or, les gens se déplacent le jour du vote pour aller
défendre leurs intérêts égoïstes,
et non ceux de tout le monde. Ils
se déplacent pour ce qui va changer leurs conditions de vie, et non
celle du candidat. Ils se déplacent
pour ce qui va remplir leurs ven-
tres et non ceux des politiciens et

---

[5] - http://www.rfi.fr/afrique/20110930-Cameroun-elec-
tion-presidentielle-portraits-23-candidats-

leurs familles, ainsi qu'ils le pensent dès lors qu'un discours est vague pour eux. Inutile de crier à la fraude électorale après n'être pas parvenu à attirer des électeurs à partir de son projet politique. Paul Biya, lui, peut se permettre de tenir un discours imprécis, car il détient déjà le pouvoir, mais pas l'opposition.

B – Fédéralisme : repoussoir et non aimant.

Parmi les projets politiques des partis d'opposition, se trouvent des repoussoirs. Au nombre de ceux-ci, figure en bonne place la question du fédéralisme. Une infime partie de l'intelligentsia camerounaise s'en fait actuellement les gorges chaudes. Ce faisant, elle peine à admettre que c'est une revendication avant tout régionale et pense qu'en la martelant sur les plateaux de télévisions, les studios de radios et sur Facebook, elle se transformera en une revendication nationale. Elle est totalement dans l'erreur, et la propre histoire du SDF qui en est le principal promoteur, est très révélatrice de cette évidence. Il suffit pour cela d'établir une corrélation entre le discours développé par ce parti et ses résultats électoraux. Plus il devient « *fédéraliste* », moins le SDF obtient de voix.

Présidentielle 1992.

Le SDF tient un discours national : « *power to the people* », « *suffer don finish* ». Score : 36% des voix avec 1.066.602 votants.

Présidentielle 1997.

Abstention.

Présidentielle 2004.

Le SDF abandonne le discours de 1992, et se met à s'identifier essentiellement comme le parti du retour au fédéralisme, et non plus celui des « *gagne-petit* », des « *opprimés* », des « *laissés pour compte* » de l'ensemble du pays. Ces derniers commencent de plus en plus à ne devenir pour lui qu' uniquement les membres de la communauté anglophone. Score obtenu : 17,40% des voix, avec seulement 654.066 votants. Erosion considérable de son électorat à hauteur de 50%, par rapport à 1992. Une véritable alerte sur la nécessaire critique du discours servi aux électeurs. Plutôt que cela, le SDF s'est enfermé sur les « *fraudes massives du RDPC* », et « *l'impossible victoire de l'opposition sans la mise en place d'un organe indépendant d'organisation des élections* » ![6]

Présidentielle de 2011.

Le SDF renforce son positionnement régional « *anglophone* » et fédéraliste. Il ne s'interroge toujours pas sur la pertinence de son discours par rapport aux 80% de la population qui ne sont ni « *anglophones* », ni attirés par le fédéralisme. Résultat, nouvel effondrement du score: 10,71% seu-

---

[6] - Abdoulaye Wade n'avait-il pas battu Andou Diouf avec la loi électorale concoctée par ce dernier ? Même chose pour Macky Sall contre le même Abdoulaye Wade ...

lement des votants, soit moins du tiers de son score de 1992, et une perte de 39% de son électorat de 2004, c'est-à-dire presque la moitié. Il ne se retrouve plus qu'avec 398.980 votants !!!!!! Même pas un demi-million !!!! Dégringolade vertigineuse par rapport au scrutin de 1992 !!!!

Fait de la plus haute importance à relever : la communauté «*anglophone*» au Cameroun, représente, en terme électoral, environ 21% de voix[7], et le SDF, avec son discours « *fédéraliste* », n'a obtenu sur le plan national que 10,71 % en 2011, ceci signifie que l'électorat cible « *anglophone* » qui est le sien, ne lui est qu'en partie acquis, et nullement en totalité, car dans les 10,71%, il se trouve de très nombreuses voix « *franco-phones* »[8].

---

[7] - Base de calcul, l'apport en population du Southern Cameroon en 1961, lors de la réunification.

[8] - Les plus grands promoteurs du fédéralisme au Cameroun aujourd'hui, sont les Camerounais installés à l'étranger, USA, Belgique, Canada, Allemagne, etc. Ils sont fortement influencés par le fonctionnement des Etats dans lesquels ils vivent. Mais, malheureusement pour eux, ils

Actuellement, les incendies des établissements scolaires, les assassinats que commettent les sécessionnistes, la violence qu'ils exercent sur la population, viennent encore plus renforcer le camp des anti-fédéralistes au Cameroun, qui demeure plus que jamais profondément convaincu que le fédéralisme n'est qu'un cheval de Troie pour la sécession, une étape vers la partition du pays. En outre, la position très ambiguë du SDF sur ces violences, n'est guère de nature à arranger les choses. En conséquence, quiconque désire perdre par avance le scrutin présidentiel de 2018 au Cameroun, sait ce qu'il doit faire : promettre aux Camerounais le fédéralisme. Il sera automatiquement perçu comme un soutien inavoué des sécessionnistes. Inutile par la suite de se

---

ont, au moins à 80%, déjà renoncé à la citoyenneté camerounaise, donc ils ne votent pas !!!! Même si cela leur avait continué à être possible, il n'existe que vingt mille Camerounais en Allemagne, soit à peine, l'électorat du quartier Mvog Ada à Yaoundé ...

mettre à crier à la « *fraude électorale massive* » du régime pour
« *maintenir le dictateur Biya* ». Il
ne sera pas voté par les Camerounais.

Chapitre V :

Des campagnes électorales bâclées.

A suivre les campagnes électorales au Cameroun, on ne peut que constater beaucoup d'amateurisme du côté de l'opposition. Tout se passe comme si celle-ci se retrouvait contrainte de remplir une pénible formalité. D'abord et d'une manière générale, les candidats de l'opposition ne se rendent pas suffisamment compte de l'importance de se doter de budgets conséquents pour leurs campagnes électorales. Ils enfourchent pratiquement tous la trompette de la « *corruption des électeurs* » par le camp d'en face, au motif que celui-ci dépenserait de manière exagérée pour sa propagande. Ils n'hésitent pas ainsi à parler « *d'achat de consciences* »[9] de sa part.

Ensuite, les candidats de l'opposition estiment, pour la plupart, que les simples *messages* à la radio et à la télévision sont nettement suffisants pour engranger des électeurs[10].

Enfin, aujourd'hui, Facebook les amène à croire qu'ils jouissent d'une popularité telle que la mobilisation sur le terrain serait devenue superflue. Chaque vedette de Facebook se voit ainsi déjà élue par avance à la Présidence de la République en 2018.

A – Budgets ridicules.

Tout d'abord, une campagne présidentielle sérieuse et efficace,

---

[9] - Il s'agit là d'un argument de perdant J'ai été le témoin à plusieurs reprises de campagnes électorales dans les pays développés. Les sommes d'argent investies pour la boisson, la nourriture, les gadgets divers lors des meetings, sont impressionnantes.

[10] - Un candidat de l'opposition m'avait déclaré un jour que « à l'époque de Um Nyobè il fallait impérativement aller sur le terrain pour rencontrer les gens, mais aujourd'hui, avec la télévision, on les atteint par millions dans leurs foyers à travers la télévision ».

il faut le savoir, coûte excessivement chère. A l'occasion dernière élection présidentielle française, les comptes adressés à la *Commission nationale des comptes de campagne et des financements politiques* ont été publiés au *Journal officiel* du 3 août 2017[11].

Jean-Luc Mélenchon.
    Dépenses : 10 676 699 € (*7,018 milliards de F CFA*). Il a emprunté 6,4 millions d'euros (*soit 4.197 milliards de francs CFA*), et le reste est provenu de divers dons. Principal poste de dépenses : les réunions publiques : 6 367 270 €. (3 milliards CFA)

Nathalie Arthaud.
    Dépenses : 958 237 € (*6.290 milliards CFA*). Elle n'a souscrit aucun emprunt, c'est son parti qui a tout payé. Elle n'a pas commandé de sondages d'opinion, ni organisé de promotion téléphonique, ni recouru à un conseil en communication. Dépense principale : les meetings (536 951 €).

Benoît Hamon.

---

[11] - https://www.legifrance.gouv.fr;

Dépenses :   15 072 745 €   (*9,840 milliards CFA*). Il a bouclé son budget avec des prêts (8 millions d'euros) et une contribution du PS (3,5 millions d'euros). Principal poste de dépense : les meetings à hauteur de 6,1 millions d'euros, suivis par la propagande imprimée (3 millions d'euros). Il a également beaucoup dépensé pour le personnel de sa campagne (1,2 million d'euros) et ses locaux (640 000 €). Enfin, il n'a pas acheté d'espaces publicitaires.

Emmanuel Macron
Dépenses :   15 698 320 €   (*10,24 milliards de F CFA*). Il a bouclé son budget avec des emprunts (10 millions d'euros), une contribution d'En Marche ! (4,2 millions d'euros) et des dons de personnes physiques (1 million d'euros). Le candidat a dépensé 5,8 millions d'euros en réunions publiques (*3 milliards CFA*) et 3,7 millions en propagande, imprimée d'abord. Il a dépensé en promotion téléphonique (SMS et appels ciblés) : 396 443 € (contre 492 pour Hamon). Il a également commandé pour 325 643 € de sondages.

François Fillon

Dépenses : 13 784 073 € (*9,051 milliards F CFA*). Il bouclé son budget avec 2 millions d'euros d'emprunts et surtout 10 millions d'euros du parti. Les dons de personnes physiques ne représentent que 6 600 € ! Comme les autres candidats, il a beaucoup dépensé en déplacements (1,4 million) et en meetings (4,8). Il a dépensé 509 952 € en conseil en communication et 199 320 € en sondages.

Marine Le Pen

Dépenses : 12 416 567 € (*8,2 milliards de F CFA*). Elle a eu beaucoup de mal à emprunter pour financer auprès des banques sa campagne. Elle a dépensé pour ses meetings 4,9 millions d'euros, a versé 2,4 millions d'euros pour les personnels recrutés spécifiquement pour la campagne. Elle a dépensé 451 000 € en matériels et 189 814 €en sondages[12], etc.

Au Cameroun, certains candidats de l'opposition, y compris

---

[12] - https://www.ladepe-che.fr/article/2017/08/09/2625324 -presidentielle-ce-qu-ont-depense-les-candidats.html

ceux qui se prétendent les plus
« *sérieux* », ne disposent même
pas d'un budget de dix millions
de francs cfa !

B – Déploiement insignifiant sur le terrain et étouffé.

La conséquence immédiate de
la maigreur des budgets de campagne des candidats de l'opposition au Cameroun, est le faible
déploiement sur le terrain de
ceux-ci, en dépit des déclarations
sur le peu d'efficacité de cela et
au nom duquel ils ne s'y inves-
tiraient pas suffisamment. Des
campagnes électorales entières
commencent et s'achèvent sans
que la plupart des candidats op-
posés à celui du gouvernement ne
parcourent simplement dix dé-
partements sur les 58 que compte
tout le pays !
De même, très peu de candidats ne s'investissent dans la pu-
blication de brochures électorales.

Lors de la dernière campagne présidentielle française, Benoît Hamon a imprimé et distribué 9 millions d'exemplaires sa « *Lettre eux Françaises et aux Français* »[13]

Marine Lepen a imprimé son projet présidentiel contenu dans une brochure de 16 pages à 8 millions d'exemplaires lors du premier tour de l'élection[14].

François Fillon quant à lui a distribué 4 millions d'exemplaires d'un document destiné à se défendre face à l'adversité dont il a été l'objet de la part de la presse, suite à l'affaire d'emploi fictif de son épouse[15].

Au Cameroun, des campagnes électorales entières démarrent et s'achèvent sans que la plupart

---

[13] - https://www.lexpress.fr/actualite/politique/elections/presidentielle-hamon-envoie-une-lettre-aux-francais-pour-relancer-sa-campagne_1897921.html

[14] - http://www.frontnational.com/2012/03/la-brochure-du-projet-presidentiel-de-marine-le-pen-presentee/

[15] - http://www.20minutes.fr/politique/2008307-20170203-affaire-penelope-fillon-pleine-tempete-francois-fillon-opte-strategie-combat

des candidats de l'opposition n'ait publié et distribué le moindre document. Un grand nombre vient discourir à la télévision tous les matins, pour une diffusion en soirée, sur « *l'échec patent de Paul Biya* », son « *incapacité à développer le pays* », etc. Même dans la ville de Yaoundé, capitale du pays, très peu de candidats de l'opposition tiennent des meetings. En 2004, un des supposés « *grand candidat* », ne s'était contenté que de payer des *benskins* à qui il avait demandé de faire le tour de la ville chaque après-midi en faisant du tintamarre avec des sifflets à la bouche et quelques portraits de lui en mains !!!

Lors des campagnes électorales, le régime déploie pas moins de cent mille agents électoraux à travers tout le territoire, à savoir des fonctionnaires[16] partis de gré comme de force en campagne

---

[16] - Le Cameroun compte environ 250 mille fonctionnaires ; http://afrique.le360.ma/autres-pays/économie/2017

pour lui. Il déploie également au moins dix mille véhicules administratifs qui sillonnent le territoire avec des effigies du Paul Biya. En face, toute l'opposition réunie ne parvient pas à rassembler cent automobiles !!!! Le régime distribue aisément, en plus de ceux déjà en circulation, cent mille pagnes à chaque campagne électorale, or, un page est tout bonnement avant tout un vêtement pour des gens démunis. Pour le scrutin de 2018, le régime est en train de distribuer des ordinateurs aux étudiants, à la plus grande joie de l'écrasante majorité de ceux-ci ; face à cela, l'opposition ne dispose guère de réplique appropriée. Pour quiconque a déjà mené une campagne électorale face au régime, ces cadeaux malheureusement financés par le budget de l'Etat, rendent totalement inaudible le discours de l'opposition. Partout, les gens demandent à ses candidats, « *que nous avez-vous, de votre côté, apporté ?* », au nom d'un principe bien camerounais : « *finissez avec nous ici, et maintenant, c'est tout, pas de longs discours ...* »

Par ailleurs, le chantage des fonctionnaires auprès des masses populaires met en grande difficultés l'opposition. Chaque cadre de la République désireux de conserver son poste ou d'obtenir une promotion administrative voire politique capable de déboucher sur une entrée au gouvernement, n'hésite pas un seul instant à intimider ses congénères de la même région, du même département, arrondissement, voire village, en leur faisant savoir qu'un mauvais score de Paul Biya dans leur unité administrative se traduirait par des représailles contre celle-ci, plus de nominations de ses « *élites* » à des postes importants de la République, plus d'investissements, en un mot, oubli total de cette zone par l'Etat. Les candidats de l'opposition se retrouvent généralement sans réponse valable à fournir face à cet argument, et en perdent énormément de voix.

Enfin, les meetings du candidat de la majorité sont également de puissantes opérations d'intimidation des électeurs peu politisés. Ils sont dirigés par les « *autorités administratives* », le gouverneur de la région, les préfets, les sous-préfets, les commandants de brigades de gendarmerie, le procureur de la République et ses substituts, etc. Face à ce déploiement de personnalités venues avec leurs grosses cylindrées, les candidats de l'opposition se retrouvent généralement en difficultés.

Chapitre VI :

Arguments peu convaincants pour des catégories sociales particulières.

De nombreux candidats au Cameroun misent secrètement sur des votes particuliers, tel que le vote régional ou sur des catégories sociales dominantes dans le pays telles que les femmes ou les jeunes. Mais, ce faisant, en dehors d'incantations répétitives qu'ils font dans le meilleur des cas, absolument rien dans leurs programmes n'apparaît de nature à attirer vers leurs candidatures le vote de ces groupes.

A – La région.

Le scrutin présidentiel de 20-11 a été particulièrement révélateur du caractère erroné de ce calcul électoral. Deux candidats, en effet, au moins, auraient pu en bénéficier.

Garga Haman, unique candidat du Nord du Cameroun.

A l'occasion de ce scrutin qui comptait seize candidats, un seul était originaire de la partie Nord du pays. Or, celle-ci fournit environ 45% de l'électorat. En conséquence, à priori, un seul candidat issu de cette région, devrait normalement se retrouver avec un score dépassant aisément les 10% de voix, si le facteur régional du vote se fait dominant. Mais, il n'en a rien été. Garga Haman Adji n'a récolté que 3% des voix sur l'ensemble du territoire... Ceci démontre bien que le contenu du projet et sa diffusion priment malgré tout, sur toute autre considération, fut-elle ethnique.

Paul Abine Ayah.

Deuxième candidat de la région du Nord-ouest qui compte valablement la moitié de l'électorat anglophone, soit environ 10% de l'électorat national, il n'a recueilli qu'un score de 1,26 % !!!! sur toute l'étendue du territoire.

B – Les femmes les jeunes.

Une autre méprise est courante au sein de l'opposition camerounaise, celle qui consiste à penser que les femmes ou les jeunes en eux-mêmes, sont de nature à faire remporter une élection à un candidat. Malheureusement, les résultats du scrutin de 2011 sont édifiants sur ce point.

Les femmes.
Selon les statistiques nationales, les femmes constituent 50% de la population[17]. Fort de cette donnée, nombreux sont les hommes politiques camerounais qui courtisent l'électorat qu'elles représentent. Mais dans le même

---

[17] - http://www.statistics-cameroon.org/ downloads/JIF /MINPROFF_Femmes_Hommes_Cameroun_28_02_2012.p df

temps, malheureusement, ils n'y parviennent pas.

Lors de la présidentielle de 2011, les deux seules femmes s'étant portées candidates n'ont pu recueillir de scores importants : Edith Kahbang Walla, 0,2 %, et Dang Esther, 0,33%.

Les jeunes.

Tout comme les femmes, les jeunes au Cameroun constituent un grand vivier électoral. Ils sont estimés à un pourcentage plus élevé encore. Celui-ci se situe autour de 45% ayant moins de 15 ans[18]. En ajoutant ceux qui ont plus de 15 ans, on aboutit aisément à 60% de la population.

L'opposition se démène à conquérir cet électorat, mais sans résultats probants, au regard de ses scores électoraux. En conséquence, le dévolu sur le vote des jeunes comporte de grosses limites. Déjà, 45% de la population ayant moins de 15 ans, signifie

---

[18] - http://www.spm.gov.cm/le-cameroun/population.html

50% de la population qui ne vote pas, l'âge électoral étant fixé à 20 ans ! Par ailleurs, nous avons personnellement constaté que les jeunes des villes sont particulièrement difficiles à conduire dans les bureaux de vote le jour des élections, à la différence de ceux vivant en campagne, où le chef de village peut les y contraindre. Cette cible ne s'avère pas de ce fait particulièrement payante aujourd'hui en matière électorale, en ne misant que sur elle.

Chapitre VII :

Une communication injurieuse non payante.

L'effet pervers de la liberté d'expression au Cameroun a été que l'injure est devenue un argument politique majeur pour de très nombreuses personnes. Bien plus désolant, il se trouve toujours des défenseurs de ce type de communication. L'opposition de son côté, n'est pas en reste dans cette communication qui ne sied guère à un débat politique constructif.

A – Le « *dictateur et criminel Biya* ».

Nombreux sont les leaders de l'opposition qui ne critiquent la politique du Président Biya qu'en l'injuriant. On les écoute, mais on ne retient pas grand-chose, sinon qu'il est « *incompétent* », ou alors « *paresseux* », ou encore « *il a lamentablement échoué* ». Parfois il est traité de « *dictateur sanguinaire* » voire « *irresponsable* ».

Pendant de la présidentielle de 2004, un candidat avait déclaré à la CRTV que « *si Paul Biya aimait son pays il y a longtemps qu'il aurait déjà démissionné* ». Un autre avait déclaré : « *quand je vois Biya avec ses gosses, il me fait pitié* ». Tels étaient pour eux des arguments capitaux pour s'attirer des voix.

Sur Facebook, des images de personnes aux visages ensanglantés sont continuellement diffusées et accompagnées de commentaires faisant de Paul Biya l'auteur de ces « *ignobles massacres* ». D'autres activistes n'hésitent pas à le dessiner avec des cornes sur la tête à la manière du Satan, ou alors avec du sang sur les lèvres et les dents. Parfois c'est devant la plaque de la CPI, la *Cour Pénale Internationale*, qu'ils viennent placer son effigie et la prendre en photos, pour montrer là où il « *achèvera sa course* ». Actuellement, avec le conflit armé dans les régions du Nord-ouest et du Sud-ouest, les injures à son endroit ont décuplé. Il est « *responsable du tas de cadavres qui s'amoncelle là-bas en ce moment* », il a envoyé sa « *soldatesque tuer des innocents* » qui manifestaient de manière pacifique, l'arbre de la paix en mains. L'obstination à en faire un redoutable criminel est telle que des « *photos-montages* » de cadavres ensanglantés sont effectués. Tantôt on y voit des militaires camerounais tués par les « *valeureux sécessionnistes* », tantôt ce sont des gosses au corps déchirés par des balles de « *l'armée de guerre civile de Biya* ». Naturellement, tout soldat qui est égorgé par les sécessionnistes, le mériterait amplement, car il sert un mauvais régime vomi par les Camerounais, et dirigé par le « *dictateur sanguinaire Biya* ». Enfin, dernière trouvaille du camp de la contestation aujourd'hui, les injures portées à l'endroit de la première dame du Cameroun. Elle n'est plus du tout épargnée, à la plus grande joie de l'opposition, qui applaudit des deux mains.

B – Répulsion plutôt qu'adhésion.

En procédant ainsi que décrit ci-dessus, les leaders l'opposition commettent une erreur monumentale, en dépit de leurs proclamations péremptoires selon lesquelles, « *l'écrasante majorité des Camerounais est actuellement de notre côté* ». En effet, les statistiques électorales, en revanche, sont totalement en leur défaveur. Les militants et potentiels votants de l'opposition ne se gênent généralement pas à s'inscrire sur les listes électorales. En conséquence, ce sont véritablement les inscrits du camp de la majorité qu'il faut conquérir. Or, en présentant leur champion en sanguinaire ainsi qu'ils le font, ils se les aliènent totalement. Ceci est tellement vrai qu'au Cameroun, malgré une intense campagne de sensibilisation de l'opposition en faveur de l'inscription sur les listes électorales, le nombre d'inscrits ne varie pas véritablement. Comme partout ailleurs dans le monde, les votants peuvent changer d'opinion à tout moment, il faudrait donc bien se garder d'effaroucher ceux de la majorité.

Table